AF672342

Impressum

©Copyright Karin B. Redecker
Vervielfältigung nur mit ausdrücklicher Genehmigung der Autorin
64625 Bensheim-Auerbach, Am Höllberg
Kontakt: mailbox@karin-redecker.de
Twitter: https://twitter.com/KarinRedecker
www.facebook.com/pages/K.B.Redecker
www.karin-Redecker.de
Layout: Karin B. Redecker
Fotos: Titel, U4 W. Mothes,
Seite 25, 34, 64, 77, 79,
94, 103, 104 Karin B. Redecker
Alle anderen Fotos Pixabay
Korrekturen/Lektorat:
Korrekturen.de, Julian von Heyl

Herstellung und Druck über tolino media GmbH & Co. KG,
Albrechtstr. 14, 80636 München. Printed in Germany.
Fragen zu Produktsicherheit an: gpsr@tolino.media.

Als Goethe in den Himmel kam

Gedichte mit einem Augenzwinkern

von Karin B. Redecker

Über die Autorin

Karin B. Redecker genoss eine Verlagsausbildung bei einer bekannten Frankfurter Tageszeitung.
Sie arbeitete später viele Jahre gemeinsam mit ihrem Mann als Redakteurin und Layouterin im eigenen Verlag, bevor sie sich in Italien niederließ. Dort fand sie endlich die Zeit, mit dem Romanschreiben anzufangen, und es entstanden hier ihre ersten Romane.
Die Pflegebedürftigkeit der Mutter und der Tochter holte sie jedoch wieder aus Italien zurück und es folgten weitere Romane. Da das Dichten schon immer zu ihren Leidenschaften gehörte, kamen auch bereits zwei Gedichtbände hinzu, die sie stets mit einem Augenzwinkern niedergeschrieben hat.
Sie selbst sagt über sich: Schreiben macht mir Freude und ich möchte die Leser nur gut unterhalten. Mein Kopf ist voller Geschichten, denn wie sang einst André Heller: »Die wahren Abenteuer sind im Kopf und sind sie nicht im Kopf, dann sind sie nirgendwo!«
Wer mehr über die Autorin erfahren möchte, sollte sich ihre Homepage **www.karin-redecker.de** anschauen.

Verliebt, verlobt, verheiratet –
das ist das Ideal!
Wenn's dann auch noch sehr lange hält,
ist's einfach nur genial!

Dieses Gedicht ist meinem Mann Helmut gewidmet, mit dem ich schon sehr viele Jahre glücklich verheiratet bin.

Inhalt

Impressum 2
Über die Autorin 4
Inhalt 6
Gedichte 9
Goethe und die Dichter 10
Das Ziel 20
Paul 21
Die Woche 21
Nackig 22
Schall und Rauch 23
In der Früh 24
Mainhattan 25
Beim Arzt 26
Die Laus 27
Nackt 28
Die Waage 28
Die Wahl 29
Privat 30
Blau 30
Geliebte Welt 31
Haus am Meer 32
Superschlank 33
Mohn 34
Die Putzfrau 35
Wind 36
Ich sage A 36
Der Rüde 37
Beamte 38
Heut' Nacht 40
Mein Herz 41
Flammen 42
Seit an Seit 43
Italien 43
Faul 44

Zeit 45
Ein dicker Bauch 46
Gedanken 47
Vergangenheit 47
Tennis 48
Staub 49
Frau Nachbarin 50
Die Säge 51
Wetter 52
Eigentlich 52
Die Erde 53
Schwül 53
Liebe 54
Hallo Tag 54
Hallo Sommer 55
Ostern 56
Frau Kanzler 57
Schweinehund 58
Perfekt 59
Müde 60
Mein Organ 60
Auf und Ab 61
Hallo Tag 62
Endlich 63
Frühling 63
Morgennebel 64
Wind 65
Sommer 66
Der Finger 67
Mann fürs Leben 68
Hitze 69
Toll 69
Berühmt 70
In fremden Sphären 72

Regen 73
Die Jahre 74
Der Türke 75
Gendern 76
Schnee 77
Der Migrant 78
Hunger 79
Musik 79
Herbst 80
Mein Garten 81
Kochen 82
Der Traum 83
Tabu 84
Putzen 84
Seele 86
Junge Frau 87
Krank 88
Viel Geld 89
Erfolg 90
Probleme 91
Geburtstag 92
Vergänglichkeit 93
Lärm 94
Liebe 95
Im Winter 96
O du fröhliche ... 97
Die Hausfrau 98
Träume 99
Schenken 100
Advent 101
Silvester 101
Neustart 102
Vorsätze 103
Ein Jahr ist vorbei 104

Gedichte

Ich behaupte mal, dass Gedichte,
sind wie ’ne kleine Kurzgeschichte.
Sie können in nur wen’gen Zeilen,
mit dir ein ganzes Leben teilen.
Wenn ich zum Beispiel ruf *Juchhe!*,
ich womöglich auf ’nem Gipfel steh,
schau staunend auf das Alpenglüh’n.
Du musst nur deine Fantasie bemühen.
Denn ohne Vision, da fehlt dir was.
Das Leben wäre sonst zu blass!

Goethe und die Dichter

Als Goethe in den Himmel kam,
da sah man ihn befremdlich an.
Was willst du hier, du Frauenheld,
wer hat denn dich hierherbestellt?
Man schickte ihn auf Wolke Acht,
dort hat man Zäune angebracht
für die, die immerzu den Frauen
die Unbeflecktheit wollen klauen.
Da sitzt er nun, der arme Wicht,
und schreibt am tausendsten Gedicht.

Erinnert euch, auf Wolke Acht,
dort wurde Goethe hingebracht
und mittlerweile wird's dort voll,
denn viele trieben es zu toll,
vergnügten sich auf Erden hier,
mit Damen, meist aus dem Revier.
Es wird so langsam eng hier oben,
'ne Cloud wird noch dazugeschoben,
der Zaun verlängert und bewacht,
damit auch keiner Blödsinn macht.
Die Warteliste ist monströs,
der Himmelswart ward ziemlich bös,
ich hab's gelesen, bin schockiert,
wer alles hier ist aufgeführt.
Ach, übrigens, ich hab's geseh'n,
es gibt 'ne neue Wolke Zehn,
die ist für Damen reserviert,
weil hier das gleiche Ding passiert,
die Frauenquote greift auch hier,
man ist en vogue im himmlischen Revier.

Nachdem die Wolke Acht zu voll
und seitlich schon fast überquoll,
da fiel dem Goethe plötzlich ein:
»Kommt, wir gründen 'nen Verein!
Club toter Dichter soll er heißen.
Lasst uns gleich 'ne Brücke schweißen,
die hinüberführt zur nächsten Cloud,
von dort man rundum sehr gut schaut.
Wir lesen dann unsre Gedichte,
erzählen auch so manch' Geschichte,
am besten gleich mit Megaphon,
dann haben alle was davon.«

Begeistert waren alle Wortakrobaten,
die sich sogleich um Goethe scharten.
Sie hofften auf das End' der Langeweile
und suchten eifrig Brückenteile.
Der Wolkenwart musst' schnell herbei
weil er nur konnte fehlerfrei,
den Bau der Brücke kontrollieren
und fachgerecht den Steg montieren,
denn unbrauchbar sind der Dichter Hände,
hier allerorten im Gelände.

Voll Eifer war auch Dichter Heine.
Er schleppte Stück für Stück die Steine,
und Schiller sah man erst nicht an,
wie gut er Seile spannen kann.
Von Kleist kam plötzlich dann ein Schrei,
da flog die Raumstation vorbei.
Die Astronauten schauten verschreckt
und haben es nicht gleich gecheckt.
Sie funkten alles schnell nach Hause
und machten dann erst mal ´ne Pause.
Sie sprachen aus, was sie gesehen:
»Houston, wir haben ein Problem!"
Man rätselte, sprach von Fiktion
in dieser galaktischen Region.

»Houston,
wir haben
ein Problem!«

Derweil die Arbeit ging voran,
die Dichter standen ihren Mann.
Nur Bertolt Brecht, der Sozialist,
wollt' lieber bleiben, wo er ist.
Er sah in Goethe den Bestimmer,
der gemütlich saß in seinem Zimmer,
und nur die Aufgaben verteilte,
und während er entspannt dort weilte,
nur passiv zusah und sinnierte
und danach mit einem Vers brillierte.

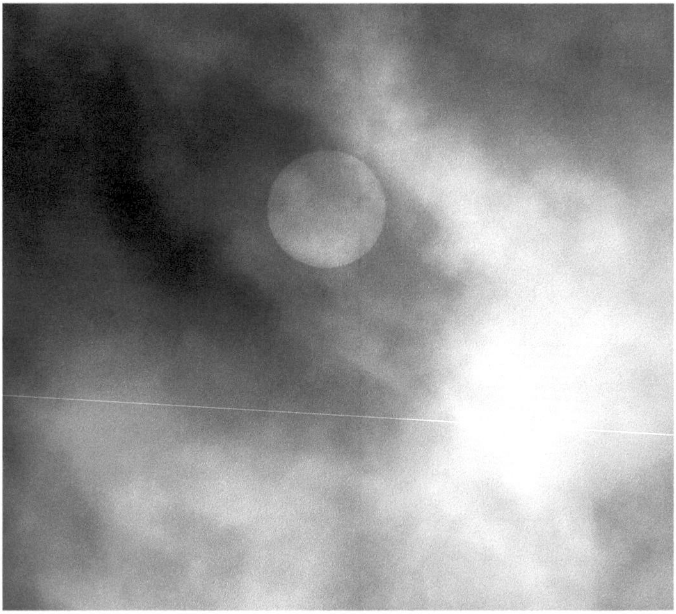

Wer nicht schon viele hundert Jahr'
hier oben im Dunst der Wolken war,
den bezeichneten die alten Hasen,
als Debütant mit kruden Phrasen,
die sie hier dreschen im Revier,
denn für die Veteranen war ganz klar,
dass, wer neu, zunächst Azubi war.
Gut war, dass, egal, woher sie kamen,
sie die Sprache "Galaktisch" übernahmen.
So konnten alle diskutieren,
ohne sich im Ausdruck zu blamieren.
Der Grass, Tucholsky, Rilke, Brecht,
die pochten auf ein Sonderrecht.
Sie wollten einen Blick zur Erde,
und machten gleich 'ne Drohgebärde.
Da machte Gernhardt einen Gag,
da war die miese Laune weg.
Der Ringelnatz regte nun an:
»Helft mit, wir brauchen jeden Mann!«
Sie bildeten den Youngster-Clan
und packten fleißig auch mit an.

Als dann das Bauwerk war vollbracht,
wurde auf allen Wolken viel gelacht.
Endlich war was los im himmlischen Revier,
der Wolkenwart spendierte
sogar ein galaktisches Bier.
Besonders auf der Wolke Zehn,
da machten sich die Damen schön.
Das war das erste Fest hier oben,
die Dichter waren motiviert am Proben,
sie lasen quer, übten Betonung,
Applaus, das war dann die Belohnung.
Am Ende gab's ein rauschend Fest,
die Dichter sahen es als Test,
um fortan weiter sich zu zeigen,
und nicht wie vorher nur zu schweigen.
Denn auf dem irdischen Gebiet,
ein Dichter oft in Vergessenheit geriet.
So lasen sie laut hinaus ins All,
und weit verbreitete sich der Schall.
Die Verse, rezitiert für die Ewigkeit,
die machten sich jetzt mächtig breit.
So sind nunmehr der Dichter Worte,
hörbar im All an jedem Orte!

Das Ziel

Du hast im Kopf ein großes Ziel,
du siehst ganz klar den Weg.
Kein Opfer ist dafür zu viel,
du überwindest jeden Stein und Steg.
Und dann passiert's so irgendwann,
du bist schon ganz entzückt,
da kommst du doch tatsächlich an,
dein Weg, er ist geglückt.
Und alle, die zuvor gelacht,
die sind jetzt voller Neid,
denn was dir große Freude macht,
dazu war'n sie nicht bereit.
Mach dir nichts draus, geh deinen Weg
und lass die andern lachen,
denn Neid ist dafür ein Beleg,
soll'n sie's doch besser machen.

Paul

Paul, das ist den meisten klar,
ist bei uns im Haus der Star!
Als süßer Welpe kam er an,
heute steht er bei uns seinen Mann.
Er ist der Sheriff im Revier,
er kläfft an, egal ob Mensch, ob Tier,
die es hier wagen zu flanieren.
Das geht mir manchmal an die Nieren –
ich schrei dann AUS! und NEIN!,
und wenn ich Glück hab', kommt er rein!

Die Woche

Regen, Wind, kein Sonnenschein!
Soll das die neue Woche sein?
Das alles find ich gar nicht nett.
Wisst ihr was? Ich bleib im Bett!

Nackig

Nehmen wir mal an, du hätt'st viel Geld.
Du würdest meinen: Mir gehört die Welt!
Was würd'ste mit dem Zaster machen?
Haus, Frauen, Reisen – all so Sachen?
Dann stellst du fest, du hast's verbockt,
es gibt nichts mehr, was dich noch lockt.
Dein Leben war nur Saus und Braus,
und eines Tages ist's dann aus.
Nun stehst du nackig vor dem Tor,
willst Einlass dir erbitten.
Der Türsteher, der steht davor,
teilt Neue ein auf Schlitten.
Du musst weit weg von allen andern,
wer zu dir will, muss sehr weit wandern,
denn du wohnst jetzt auf Wolke Acht,
dort werden die Blender hingebracht.

Schall und Rauch

Sag mal Gott, wenn es dich gibt,
dann machst du dich grad unbeliebt.
Lässt zu, dass sich Idioten mehren,
die lassen sich durch nichts belehren.
Überall nur üble Aggressoren,
mit denen ist die Welt schon bald verloren.
Und dann gibt's die, die keiner brauch',
die blasen wild nur Schall und Rauch.
Man nennt sie gerne auch Faschisten,
die wollen sich erneut einnisten.
Sie zündeln, lieben Greueltaten,
und sind halt ziemlich mies geraten.
Wenn es dich gibt, dann schrei mal HALT
sonst kommt der Untergang schon bald.

In der Früh

Heute Morgen in der Früh,
da standen wir uns vis-à-vis.
Mit dir bin ich sehr gut bekannt,
ja bin sogar mit dir verwandt.
Bist mein bester Freund seit Jahren,
ich weiß, du hast schon viel erfahren.
Hab dich lachen, weinen sehn,
weiß, es war nicht immer schön.
Deine schöne, glatte Haut,
hat die Zeit ganz schön versaut.
Hier 'ne Runzel, da 'ne Falte,
Menschenskind, du wirst 'ne Alte.
Merke aber peu-à-peu,
dass ich trotzdem zu dir steh.
Denn ich bin mit dir zufrieden,
will dich weiterhin gern lieben.
Mach dich wieder schick, mein Kind.
Guten Morgen, liebes Spiegelbild!

Mainhattan

Wisst ihr was, ich komm aus Hesse,
hier wird Handkäs' gern gegesse.
Genauer aus der Stadt am Main,
in der war Goethe einst daheim.
Heute sagt man gern dazu Mainhattan
und ich möchte mit euch wetten,
dass ihr – ihr seid ja so belesen –
wisst, wo's ist, wart dort gewesen
und ich hoff', ihr fandet's gut,
dass man hier so babble dud.

Beim Arzt

Ich war beim Arzt heut in der Früh
wollt' Salbe haben für mein Knie.
Da saßen sie in großer Runde,
na klar, hier gibt's keine Gesunde.
Erzählten viel von ihrer Pein.
Keiner wollt gesund hier sein.
So jammerten sie sich ständig vor,
ich schenkte ihnen auch mein Ohr.
Der Opa mit dem kranken Herzen,
die Blonde hatt' am Bein viel Schmerzen,
die Dicke, mit zu viel Gewicht,
sprach von Diäten, aß fast nicht!
Dann eine Pein, ganz fürchterlich,
von einem Mann, der hatte Gicht.
Was soll ich sagen, ich kam nach Haus,
fühlte mich krank, es war ein Graus.
Maß Blutdruck, checkte alle Glieder,
sah mich ganz nah an, beugt' mich nieder.
Nun denk ich nach, sitz auf der Bank.
Gehst du zum Arzt, dann bist du krank!

Die Laus

Ei der Daus! Sitzt hier am Blatt
doch eine Laus
und will sich von dem Chlorophyll,
frech was durch die Nase zieh'n.
Macht aus den Blättern Schweizer Käse,
zackt die Ränder wie mit 'ner Fräse.
Leg ich Hand an, mach mir die Mühe?
Nehm' ich die Spritze mit der Brühe?
Oder wart' ich lieber auf meinen Mann,
der das alles besser kann?
Ach, nehme lieber doch ein Buch,
denn Arbeit hatt' ich heut genug.
Lass mich faul aufs Sofa nieder,
Schatzi kommt ja schon bald wieder.

Nackt

Nackt kommst du an, nackt wirst du geh'n,
dazwischen Mensch, mach es dir schön.
Tu das, was du gern würdest tun,
und lass das Böse in dir ruh'n.
Liebe dich selbst, schätze das Leben,
dann kannst du Liebe weitergeben.
Schür keine Feindschaft, hab' Courage.
Doch wenn dich etwas bringt in Rage,
dann darfst du fluchen, drohen, brüllen.
Doch bitte, mach das nur im Stillen.

Die Waage

Du bist zu dick, sagt meine Waage.
Lass mich in Ruh, ich zu ihr sage.
Was geh'n dich meine Pfunde an,
du dämlich Ding, weißt nicht wie's ist,
wenn mich der Hunger fast zerfrisst.
Oft wird mir schwindlig, mir wird flau,
das geht schnell weg, wenn ich was kau!

Die Wahl

Bald müssen wir erneut zum Wählen,
lassen uns von Sprüchen quälen,
von den vielen Wahlplakaten,
grinsen sie, verkünden Taten.
Versprechen uns vollmundig Sachen,
die sie dann später anders machen.
Wer's glaubt, der ist ein armer Tor,
ist Goethes Wort mir noch im Ohr.
Sie schröpfen uns, wir sind die Doofen,
während Großkonzerne immens schwofen,
bekommen Geld für üble Taten,
meist werden Steuern hier verbraten.
Die Obdachlosen, Alten, Schwachen,
haben derweil nichts zu lachen.
Es ist ein Jammer mit der Welt,
im Grunde geht es nur ums Geld!

Privat

Mit dir bin ich schon sehr privat,
du siehst mich ohne Kleider.
Das ist dann manchmal delikat,
denn ich bin ja kein Hungerleider.
Jedoch meist' träume ich mit dir,
bin weg auf fernen Pfaden,
da bin ich einfach nicht mehr hier,
bin in der Südsee baden.
Oft, wenn's dann ist besonders nett,
wach ich auf in dir, mein liebes Bett!

Blau

Ach, ist es schön, ich muss nicht müssen,
bleib einfach liegen in mein'm Kissen.
Schau raus, wie ist das Wetter heut',
wenn's sonnig, mich das sehr freut.
Regnet es und es ist grau,
dann mach einfach weiter blau!

Geliebte Welt

Geliebte Welt, wie bist du schön,
wenn das nur ALLE würden seh'n,
statt sich mit Religionen und Gewehren,
bekriegen – und mit großen Heeren,
Terror verbreiten, Menschen töten,
und dabei vernichten Ackerböden,
Länder verwüsten, Natur zerstören!
Das muss doch endlich mal aufhören!
Geliebte Welt, liegst mir am Herzen,
doch du bereitest mir oft Schmerzen.
Gib endlich Hirn den Aggressoren,
sonst sind wir alle bald verloren!

Haus am Meer

Ein Haus am Meer, das wär ein Traum.
Okay, man sieht fast keinen Baum,
doch sieht man bis zum Horizont,
zumeist 'ne coole Wetterfront.
Die Wellen branden wild an Land,
berühren hier den feinen Sand.
Die Weite öffnet jedes Herz.
Das Meeresrauschen, ohne Scherz,
entspannt und bringt dir Wohlbehagen,
sodass dich Sorgen nicht mehr plagen.
Bist du grad' dort, empfehle ich,
zieh unter deinen Stress 'nen Strich!
Genieß relaxt die schöne Zeit,
dann bist für Neues du bereit.

Superschlank

Roswitha ist so superschlank,
ich dachte schon, sie wäre krank.
Roswitha sagt: »Ich werd nicht dick,
denn ich hab einen simplen Trick.
Ich stell mir vor, wie Köstlichkeiten,
sich schön in meinem Mund verbreiten.
Ich spür' den fleischigen Geschmack,
zum Beispiel von 'nem Schweinehack.
Im Geist schluck ich es dann hinunter,
spül etwas nach mit Grauburgunder.
Dann ess' ich real noch 'ne Karotte,
gern mit 'ner würzigen Schalotte.
Sogleich merk ich, ich bin pappsatt!
In mich geht nun kein weit'res Blatt.«
Ihr Blick geht an mir hoch und runter.
»Na ja«, meint sie, »wirkt nicht bei jedem,
bei dir wär's doch ein Wunder!«

Mohn

Da blüht er schon, mein Türken-Mohn,
leuchtet heraus mit seiner Farbe,
Herr Klatsch ist wohl von ihm ein Sohn,
ein uns sehr wohlbekannter Knabe.
Pflück ihn nicht, lass ihn bloß steh'n,
ergötz dich an dem feurigen Osmanen.
Und bald schon wirst du staunend sehn,
wie er sich üppig wird versamen.
Dein Garten wird bestimmt frohlocken,
wenn dann im nächsten Jahr,
in allen Beeten er wird hocken.
Dann ist er wieder Superstar!

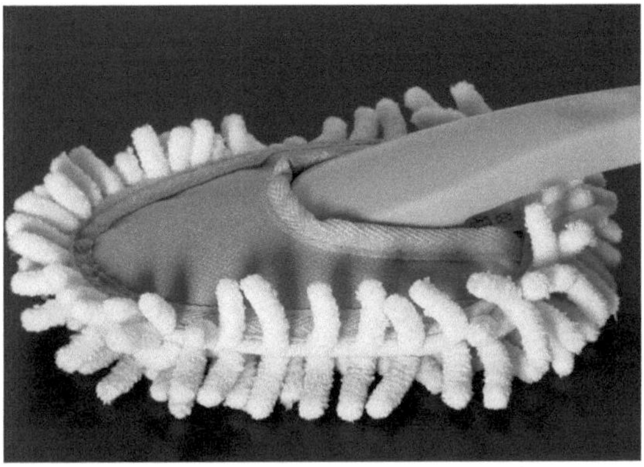

Die Putzfrau

Wenn's überall im Zimmer knattert,
die Putzfrau durch die Wohnung rattert.
Gläser zersplittern, Vasen umfallen,
und hin und wieder Türen knallen,
dann ist's am besten, dass man flieht
und sich schnell ins Büro verzieht.
Dort wartet man nun sehr gelassen,
bis sie das Haus wieder verlassen.
Danach stellt man fast jedes Stück,
auf seinen alten Platz zurück,
bevor man müde, doch entspannt,
nimmt einen Kaffee in die Hand.

Wind

Der Wind grad um die Ecken pfeift,
dabei die vielen Rosen streift,
die gerade noch so wunderschön,
leuchtend bunt im Garten steh'n.
Ach Wind, komm sei doch mal human,
und lass die schönen Blüten dran.
Schick lieber nur ein bisschen Regen,
denn Wasser wäre jetzt ein Segen.

Ich sage A

Ich sage A, an kommt das B,
bei manchen ist es auch das C,
von D bis H mal ganz zu schweigen,
wenn's sinnlos ist, lass ich es bleiben.
Halt meinen Mund und denk für mich,
was bist du so vernagelt,
du renitenter Wicht,
denn aufregen, will ich mich nicht!

Der Rüde

Der Rüde klaut vom Grill die Wurst,
und hat danach ganz heftig Durst.
Er säuft das Wasser aus der Vase,
danach verteilt er üble Gase
unter dem Tisch der Partygäste.
Frau Meier macht 'ne Abwehrgeste,
und schaut Herrn Meier strafend an,
der unschuldig ist und dafür nichts kann.
Als dann der Rüde weiter pupst,
Frau Meier ihren Gatten schubst,
grimmig zeigt sie untern Tisch.
Sie nimmt die Teller mit dem Fisch,
und beide fliehen nun empört,
dorthin wo sie der Pups nicht stört.

Beamte

Das Leben ist, ganz ohne Frage,
hin und wieder eine Plage.
Damit meine ich nicht essen, trinken,
den Garten wässern,
dem Nachbarn winken.
Nein, damit meine ich ganz klar,
zuerst mal die Beamtenschar,
die unser Leben hat im Blick.
Zum Entrinnen gibt es keinen Trick.
Du bist nur noch 'ne Kontonummer,
mit der hast du dann ständig Kummer.
Zuerst da kommen die Formulare,
die füllst du aus, fast bis zur Bahre.
Willst' auf ein Amt, wirst' staatsverdrossen,
denn meistens haben sie geschlossen.

Die Öffnungszeiten sind nicht alltäglich,
ehrlich gesagt, fast unerträglich.
Den Staatsdienern geht es famos
in unserem Land,
das ist Otto Normal sehr wohl bekannt.
Bei denen stimmt monatlich der Zaster,
die Pensionen erlauben jedes Laster.
Das alles muss man finanzieren,
die Politik tut's garantieren.
Warum? Das liegt doch auf der Hand,
sie selbst sind im Beamtenstand.

Heut' Nacht

Heut' Nacht, ich gesteh es nicht gern,
da war ich von der Erde fern.
Ich schwebte oben über allem,
sah alles klein und fand Gefallen,
an dem Betrachten von ganz oben.
Da musste ich mich selber loben,
es blühte, grünte rund ums Haus,
ja selbst die kleine graue Maus,
sah reizend aus aus dieser Sicht,
verschandelte den Anblick nicht.
Doch plötzlich klingelt es im Ohr
und aus war's für den Traum-Autor.
Es wurde hell, ich musste raus,
mein schöner Traum, er nahm Reißaus!

Mein Herz

Mein liebes Herz, was machst du bloß?
Mal setzt du aus, mal rennst du los.
Mach doch nicht solch' Kapriolen,
sonst muss ich noch den Doktor holen.
Begleitest mich schon so viel Jahre,
musst funktionieren bis zur Bahre.
Was haben wir nicht durchgestanden,
nie kam der Kampfgeist uns abhanden.
Komm, gib nicht auf, wir schaffen das!
Arzt und Tabletten helfen was.
Der Rhythmus kommt bestimmt zurück,
dann feiern wir zu zweit dies Glück,
und genießen weiter unser Leben,
ohne nach Perfektion zu streben.

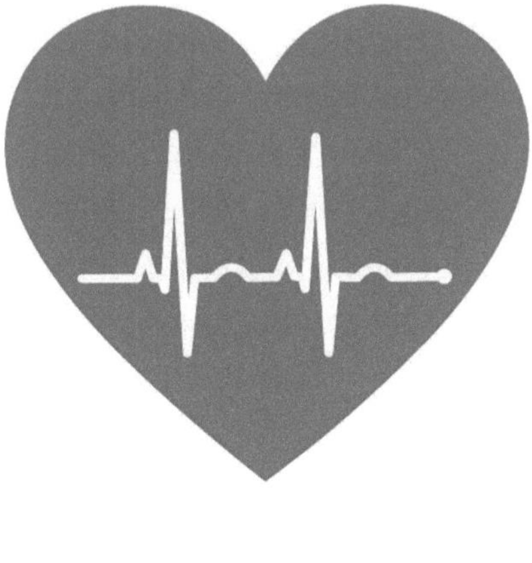

Flammen

Der Himmel trüb, kein Sonnenschein,
wie soll man da denn fröhlich sein?
Da gibt's nur eins, ich beam mich weg,
wenn ich mich auch nicht rühr vom Fleck.
Lieg in Gedanken in der Sonne,
spür auf der Haut die pure Wonne.
Berauscht riech ich den Duft der Wiese,
huch, ich pass auf, dass ich nicht niese.
Da klingelt laut das Telefon,
wer kann das sein, ich komme schon.
Wie eine Blase platzt mein Traum,
beamt mich retour in unsren Raum.
Die Wirklichkeit hat mich zurück,
und dennoch bin ich echt entzückt.
Zündelt doch just mein Pyromane,
seines Zeichens Südgermane.
Flammen lodern im Kamin!
Ich strecke mich genüsslich hin.
Ach, man kann auch hier und heute,
ganz gut leben, liebe Leute!

Seit an Seit

Wenn Herz zu Herz sich findet,
und wenn man sich auch fest verbindet,
und obendrein dann Seit an Seit,
durchs Leben zieht, bis es so weit,
Gevatter Tod klopft an die Tür.
Menschenskind, dann gratulier ich dir.

Italien

Nun sitz ich hier, schau in die Ferne
lass die Gedanken schweifen.
Denk an Italien, Wärme, Wonne,
würd' gern auf kalte Tage pfeifen.
Schon spüre ich die warme Sonne,
seh' mich am See dort sitzen,
die Füße nass, das Licht so hell,
seh Kinder, die sich nass spritzen.
Ist es nicht schön, dass man ganz schnell,
sich beamen kann, wohin man will?
Nun sitz ich hier und bin ganz still.

Faul

Ich sitz faul rum und spür die Zeit,
die, die vergangen und die bereit,
von mir erst noch gelebt zu werden,
bevor ich mich mal leg zum Sterben.
Was mach ich draus, was soll's denn sein?
Trink ich mehr Wasser oder Wein,
mach Sport, werkel im Garten rum,
bin ich nur faul und stell mich dumm?
Tu so, als geht mich nichts was an,
lass mich bedienen von mein'm Mann
und warte auf die Lebenslust,
lass hinter mir den ganzen Frust.
Schau auf die Schönheit dieser Welt.
Was kümmert mich denn Ruhm und Geld,
schreib weiter für Euch ein Gedicht
und ignorier mein Höchstgewicht.
Ja, genau so will ich's machen,
werd die Tristesse einfach weglachen.
Ich stell mir vor, die Sonne scheint,
wenn grade auch der Himmel weint.
Na ja, jetzt putz ich mal die Küche,
dann Bad und Flur ich gründlich wische.

Und dann, dann gönn ich mir mal was,
kredenz es mir in einem Glas,
entweder eckig oder rund,
führ ich Pralinen zu dem Mund.
Lass sie ganz langsam hier vergeh'n,
ach Leute, ist das Leben schön!

Zeit

Ich schau zurück und stelle fest,
dass gar nichts sich aufhalten lässt.
Die Uhr sie tickt, die Zeit läuft weiter,
und wenn du Glück hast, bist' gescheiter.
Drum ist es eigentlich glasklar,
dass ich zuvor viel dümmer war.
So bin ich auf der letzten Reise
bestimmt wie nie zuvor, sehr weise.

Ein dicker Bauch

Ein dicker Bauch, das musst du wissen,
kommt ganz bestimmt nicht nur
vom Küssen,
sagte er, und grinst mich dabei an,
mein heißgeliebter Ehemann.
Bei manchen ist's die Frucht der Liebe,
nach einer heißen Nacht der Triebe.
Dafür denk' ich, liebes Kind,
wir beide wohl zu alt heut sind.
Des Übels Täter dürft' wohl sein,
das Schlemmermahl und ganz viel Wein.
Deshalb wird ab sofort gestrichen,
was sich bei uns hat eingeschlichen.
Nix mehr mit Braten und viel Butter,
ab jetzt gibt's nur noch magres Futter.
Ach ja – es ist schon schwer, das Leben,
wenn wir nach Idealen streben!

Gedanken

Ich sitze hier, und mach mal nix!
Ich habe schon aufgeräumt, ganz fix.
Schau einfach in das schöne Grün,
und seh' die Vögel weiterzieh'n.
Wenn nur nicht die Gedanken wären,
die mich beim Nixtun immer stören.
Wie schön wär's, gäb's hier 'nen Verwalter,
Gedanken hätten einen Schalter,
ich schalt sie ein, ich schalt sie aus,
und Ruh' wär' im Gedankenhaus!

Vergangenheit

Vergangenheit ist, wenn was war,
die Gegenwart, die ist grad da,
die Zukunft ist noch nicht bekannt,
auf sie wart' ich nun sehr gespannt.
Das Planen hab ich mir geschenkt,
meist kommt es anders, als man denkt.

Tennis

Ich spielte Tennis intensiv.
War immer da, wenn Spaß mich rief,
schaute beim Spiel auch gerne zu,
war stets gut drauf, war gern per Du.
Ein Glas zu viel kam auch mal vor,
ich mir Enthaltsamkeit dann schwor.
Das hielt ich aber doch nicht ein,
denn ständig feierte der Verein.
Als wir die Gruppenliga erklommen,
an der ich rege teilgenommen,
da war mein Körper durchtrainiert,
ich war topfit und diszipliniert.
Warum nur ist das alles weg?
Ich schau mich an und denk »O Schreck«,
die Muskeln sind wie weggefegt,
stattdessen sich hier Fett ablegt.
Das alles neu zu aktivieren,
und einfach wieder zu planieren,
scheint mir doch völlig aussichtslos.
Ich bin so kraftlos, ohne Schwung,
na ja, ich bin halt nicht mehr jung.

Sollt ich noch einmal werd geboren,
schreib ich mir's fix hinter die Ohren:
viel Spaß, viel Sport und wenig Essen,
nie mehr in enge Hosen pressen.
Nur magres Fleisch käm in die Pfanne,
und ich wär' schlank dann, wie 'ne Tanne.

Staub

Die Sonne bringt es an den Tag,
ich seh den Staub, den ich nicht mag.
Doch wenn es draußen trüb und grau,
ich leichter einfach drüber schau.
Nun schloss ich mit dem Staub 'nen Pakt,
bevor mein Blutdruck mir wegsackt.
Ich lass die Markise ganz weit runter,
schwups, schon bin ich wieder munter.

Frau Nachbarin

Frau Nachbarin ist akkurat,
weshalb sie mit Kritik nicht spart,
wenn der Wind aus unsrem Beet,
die Rosenblätter rüberweht.
Stets saugt sie Laub ein oder fegt
und denkt empört, »wie ungepflegt«,
wenn sich bei uns ein Blatt hinlegt.
Und heimlich, wenn wir nicht zu Hause,
gönnt sie sich keine Atempause,
und schneidet ab, was sie so stört,
was uns natürlich sehr empört.
Denn nichts, drauf achten wir ja schon,
wächst zu ihr rüber, auch kein Mohn.
Sie schmeisst's zurück über die Mauer,
ich bin dann stets so voller Trauer.
Wie kann ein Mensch so garstig sein,
nicht umsonst ist sie allein,
denn weit und breit ist keiner in Sicht,
der überhaupt noch mit ihr spricht.
So kann der Mensch aus freien Stücken

sich selbst ins letzte Eckchen rücken.
Wenn ich sie seh, dreh ich mich weg,
bleib steh'n und rühr mich nicht vom Fleck,
sag »Guten Tag, auf Wiedersehn«,
und lass ansonsten sie dann steh'n.
Ich werde sie auch weiter meiden,
ich glaub, die kann sich selbst nicht leiden!

Die Säge

Wenn nachts dein Atem streift mein Haar,
könnt' alles sein ganz wunderbar.
Wenn nicht die Säge deiner Kehle,
mich stets verwandelt zur Hyäne.
Nun Mordgelüste mich beschleichen,
die einfach nicht mehr wollen weichen,
dann kriegste von mir einen Stoß,
und fragst mich »Was ist denn nur los?«
»Ach Liebling, dreh dich einfach um!«,
das kommt kurz an im Denkzentrum.
Ich schlaf nun ein, was für ein Segen,
jetzt können wir gemeinsam sägen.

Wetter

Die Bäume wiegen sich im Wind.
Das nennt sich Wetter liebes Kind.
Mal regnet's, dann scheint die Sonne,
das ist für mich die pure Wonne.
So sind die Tage sehr verschieden,
ich bin damit im Grund zufrieden,
und nehm' es an, so, wie es ist,
wenn ich auch manchmal schimpfe: »Mist!«

Eigentlich …

Eigentlich müsste ich raus in den Garten,
wo tausend Unkräuter auf mich warten.
Eigentlich sollt' ich mich mehr bewegen,
ach, werd' mich lieber auf die Liege legen.
Eigentlich wär' doch der Keller aufzuräumen,
doch lieber bleib ich hier am Träumen.
Eigentlich frag' ich euch zaghaft,
sagt man nicht: »In der Ruhe liegt die Kraft?«

Die Erde

Die Erde dreht sich um die Sonne,
das ist für uns die reinste Wonne.
Die Wolken sorgen für den Regen,
das ist fürs Ernten wahrer Segen.
Der Baum, der spendet uns den Schatten,
auch machen wir draus Möbelplatten.
Die Erde nährt uns mit Gemüse,
das braucht dann unsre Speicheldrüse.
So ist für alles hier gesorgt,
doch haben wir alles nur geborgt!

Schwül

Es ist so schwül, ich lauf fast weg.
Der Schweiß rinnt ohne Ende.
Da leg ich mich jetzt nicht ins Bett,
denn ringsum sind ja Wände.
Ich such mir einen Baum im Schatten,
und leg mich hier auf kühle Matten.

Liebe

Trifft dich die Liebe, sag Hallo,
lass sie nicht gehen und sei froh,
dass sie dich hat auserwählt,
und dass das Glück dich nicht verfehlt.
Dauert sie kurz oder lang,
nimm's wie es ist und sei nicht bang,
denn egal wie lang sie hält,
sie ist das Beste auf der Welt!

Hallo Tag …

Wenn du willst, dass ich dich mag,
solltest du mein Herz erfreuen,
und mal keine Mühen scheuen,
lass die dunklen Wolken weiterziehen,
damit die Blumen wieder blühen,
denn ich will dich heut' genießen
will heute faul sein, lesen, Blumen gießen.

Hallo Sommer!

Erst machst mich an, trägst voll dick auf,
sodass ich mir schnell Schutzcreme kauf.
Du Blender, du verlogner Pfau,
fängst feurig an, dann wirst schnell flau.
Erst brütend heiß, machst du auf
dicke Hose,
sodass verblüht ganz schnell die rote Rose.
Merk dir gefälligst, fauler Sack,
dass ich dich an den Haaren pack,
wenn du nicht langsam dich besinnst
und mich als Fan zurückgewinnst.
Streng dich mal an, zeig wer du bist,
damit man dich danach vermisst!

Ostern

Diese Woche geht es wieder los,
man stürzt sich in die Massen.
Das Angebot ist riesengroß,
meist stehen Schlangen an den Kassen.
Sie kaufen Lamm, Geflügel, Fisch,
denn häufig bitten sie zu Tisch.
Da kommt Besuch aus allen Ecken,
es soll doch wirklich allen schmecken.
Rezepte werden nun durchsucht,
man will ja schließlich glänzen,
'ne Servicekraft dazu gebucht,
manch einer kommt an seine Grenzen.
Nach dem Salat folgt warme Suppe,
danach das Lamm mit leckrer Soß',
noch etwas aus der Gemüsegruppe,
gut passt dazu bestimmt ein Kloß.

Dann als Dessert vielleicht 'ne Mousse,
die essen alle gerne,
wenn auch die Arbeit bringt Verdruss,
als Deko plant man Mandelkerne.
Wenn dann die Planung aufgeschrieben,
die Reihenfolge klar formuliert,
kann man 'ne ruhige Kugel schieben,
Der Rest wird delegiert!

Frau Kanzler

Frau Kanzler ist nicht sehr beliebt,
weil sie Entscheidungen verschiebt,
und Fehler, die sie gern beschwichtigt,
im Nachhinein nicht mehr berichtigt.
Sie sitzt nur stumm und zeigt die Raute,
derweil sich was zusammenbraute.
Die meisten Bürger sind empört.
Sie sagen lauthals, was sie stört.
"Wir schaffen das!", wurd' ohne Frage,
zum leeren Schimpfwort dieser Tage.

Schweinehund

In mir treibt's einer wirklich bunt,
das ist mein inn'rer Schweinehund.
Er ist gewiss ein böser Wicht,
mit einem unschuldigen Gesicht.
Verleitet mich zu falschen Taten,
deshalb kann ich nur allen raten,
hast du auch einen Filou im Ohr,
der säuselt dir immerzu was vor:
»Iss die Torte, nimm mehr vom Dessert,
denn darben kannst du hinterher!«,
dann mach's wie ich, sag
»Sei doch still!«,
wenn mein Mund grad
die Praline essen will.
Doch wenn ich die Sache recht betracht',
wär' die Praline dann umsonst gemacht.
Ach, ich will mal nicht so herzlos sein
und schieb sie in den Mund hinein!

Perfekt

Ach, ich wär so gern perfekt!
Nichts hätt' sich dann vor mir versteckt,
Notizen, Brille, Handy, Schlüssel,
lägen allzeit bereit in einer Schüssel.
Dann wär zu End' die Sucherei,
es gäbe auch kein Wutgeschrei.
Ich weiß auch nicht, woran es liegt,
dass alles so verstreut rumfliegt.
Vielleicht ist's ja der Schweinehund,
durch den läuft manches nicht so rund.
Ich schließ nun mit mir einen Pakt,
versprech' mir, dass ich nun exakt,
penibel alles leg an einen Platz,
und somit immer weiß ratzfatz,
wo dies und das ich abgelegt.
Das hab' ich mir nun eingeprägt.
Wenn's nur mein Kopf nicht mehr vergisst,
sonst wird alles erneut vermisst!

Müde

Heut ist mir so, ich weiß nicht wie,
es zieht etwas im linken Knie,
der Rücken tut ein wenig weh,
es zieht hinunter bis zum Zeh.
Die Lider klappen immer zu,
ich glaub, ich leg mich gleich zur Ruh.
Wenn ich mir's recht mal überleg,
und mir gedanklich klar zerleg,
hinüber schau zum müden Paul,
muss ich gesteh'n, ich bin nur faul!

Mein Organ

Es ist so still, ich sitz allein
und drück mir grad mein Frühstück rein.
Die Uhr, sie tickt und zeigt mir an,
dass ich nicht lange sitzen kann.
Gleich muss ich auf die Autobahn,
geprüft wird wieder ein Organ.
Na ja, was soll's, so ist es eben.
Bestimmt werd ich es überleben.

Auf und Ab

Ich bin nicht schön, ich bin nicht schlank,
hab keinen Nerz in meinem Schrank.
Mein Leben ist, wie soll ich's sagen,
ich will Euch hier ja nichts vorklagen,
ein Auf und Ab, ein Hin und Her.
Und manchmal ist es wirklich schwer.
Doch unterm Strich, ich muss gestehen,
da war das Leben meistens schön.
Wenn ich das Schlechte blende aus,
wird ein sehr erfülltes Leben draus.
Ich bin noch immer fest verbunden,
mit dem, den ich zum Glück gefunden.
Mein Herz gehört ihm bis zur Bahre,
wenn ich dann hoch- oder runterfahre,
will ich bloß sehen, dass es klappt,
dass keine andre ihn wegschnappt,
dann kann ich weiter mit ihm scherzen.
Er weiß ja schon, das kommt von Herzen!

Hallo Tag …

du weißt genau,
wenn ich aus dem Fenster schau
und die dunklen Wolken seh',
finde ich das nun gar net schee.
Wollt doch heute faul im Garten,
liegend auf die Sonne warten.
Doch du hast wohl keine Lust,
und bereitest mir nur Frust.
Die Luft zu kühl und regnerisch,
der Wind, der weht auch viel zu frisch.
Bist du noch ganz bei Verstand?
Soll das Sommer sein im Hessenland?

Endlich!

Endlich ist es wieder schön,
könnt' ja in den Garten geh'n.
Aber Beine und der Po,
wollen das nun gar nicht so.
Sitzen fest im Sessel hier,
haben einfach kein Pläsier,
sind erlahmt, etwas geschunden,
ich glaub, ich schlaf noch ein paar Runden!

Frühling

Noch ist es grau, die Bäume kahl,
die Sonne macht sich rar.
Doch warte nur, ich spür es schon –
der Frühling ist bald da!
Die ersten Knospen sind schon dick,
die Tage werden heller.
Ich habe alles fest im Blick,
vielleicht geht es dann schneller.

Morgennebel

Morgennebel zieht durchs Land,
hat den Sommer fast verbannt.
Herbst zieht ein und trennt die Zeit,
bald macht sich der Winter breit.
Spinnen weben kunstvoll Netze,
suchen sich versteckte Plätze.
Kühle Luft zieht durchs Gelände,
leert deshalb schon viele Strände.
Das letzte Obst wird noch gepflückt,
für Wein die Trauben durchgedrückt,
und später in 'ner Glücksminute
die Gläser klirren mit SALUTE!

Wind

Es stürmt und regnet fürchterlich,
ein Wind fegt durch die Gassen.
Er tobt hier wie ein Wüterich,
die Bäume Blätter fallen lassen.
Das Grün wird langsam farbenfroh,
die letzten Stauden blühen.
Vom Herbst mach' ich ein Großfoto,
auf dem die Farben glühen.
Jetzt kommt die dunkle Jahreszeit,
wir können uns neu justieren,
und sind im nächsten Jahr bereit,
uns neu zu figurieren.

Sommer

Sommer, bist ein dummer Wicht.
Weißt du nicht, dass Sommer ist?
Bist du so blöd? – Es tut mir leid,
lässt Herbst einzieh'n in deine Zeit.
Du solltest dich nun wirklich schämen,
lässt dir vom Herbst die Butter nehmen.
Lass endlich wieder Sonne rein,
dann stell ich mich in ihren Schein
und lob dich über'n grünen Klee
und sing dazu ein Lied. Juchhe!

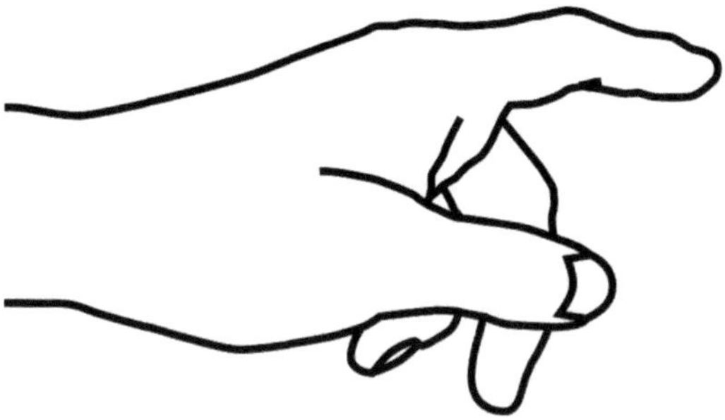

Der Finger

Es war gerade kein Handschuh da,
da war mein Finger extrem nah,
der Mutter Erde, weil o Graus,
ein Unkraut musste SOFORT raus!
Die Samen von dem Übeltäter,
waren bereit, ganz viele Meter,
sich zu verstreuen ringsherum.
Das fände ich nun wirklich dumm,
weil ich dann wieder müsste schuften,
damit der Nichtsnutz würd' verduften.
Mein Finger musste deshalb leiden,
es ließ sich leider nicht vermeiden.
Nun wird er extra eingecremt,
damit er sich nicht weiter schämt.

Mann fürs Leben

Wir trafen uns vor langer Zeit,
und schon bald war es so weit,
die Liebe kam, schnell war mir klar,
dass hier mein Mann fürs Leben war.
Mein Herz schlug schnell, nur noch für dich,
das war und blieb, nichts ändert sich.
Mit dir kann ich so herrlich lachen,
verrückte Dinge mit dir machen.
Lass uns noch bis zum Ende gehen,
den Rest des Lebens noch bestehen.
Ich will mit dir noch viel genießen,
bevor sie unser Grab begießen.
Komm, öffne diesen guten Wein,
es soll nicht unser letzter sein!

Hitze

Ich sitz faul rum und mach' mal nix,
weil ich sonst viel zu viel hier schwitz.
Die Hitze lähmt mir alle Glieder,
Bewegung kommt erst später wieder.
Ein Handtuch liegt stets neben mir,
als Fächer dient ein Blatt Papier.
Nur nicht bewegen, sonst könnt's passieren,
dass sich mein Körpersaft würd'
fermentieren.
Wer will das schon? Ich will es nicht!
Drum sitz ich still und schreib'
dieses Gedicht!

Toll

Ach, was bin ich wieder toll!
Befolg genau das, was ich soll.
Steht heut auf dem Kalenderblatt:
»Haste Hunger, iss Dich satt!«

Berühmt

Ich geh mal in 'ne fremde Sphäre,
und stell mir vor, wie es wohl wäre,
ich wär berühmt, mir wär's vergönnt
und dies ich zu mir sagen könnt:

»Ich bin so schön, ich bin so schlank,
hab nur Design in meinem Schrank.
Ich jette durch die ganze Welt,
werd' zu Talkshows hinbestellt.
Ihr findet mich auf Titelseiten,
dort sieht man viele Oberweiten.
Die Lippen üppig dargeboten,
mies drauf sein ist hier streng verboten.
Mein Kontostand ist exzellent,
tagtäglich zähle ich mein Geld.
Nur Falten wären folgenschwer,
da müssten die Chirurgen her.
Mal abhängen ohne Kosmetik,
das wär für mich keine Ästhetik.
So bin ich in mir selbst gefangen,
und hab doch nach so viel Verlangen.«

Verschreckt verlass ich diese Zone,
geh schnell zurück, dorthin, wo ich wohne.
Ach ist es schön, ich sitz leger,
bin einfach nur Frau Irgendwer.
In Müslischlappen, kurzen Hosen,
betracht' ich hier die schönen Rosen.
Ist die Frisur nicht so perfekt,
dann wird sie einfach hochgesteckt.
In Talkshows wird man mich nicht finden,
ich muss mich dafür auch nicht schinden,
wenn 'ne Falte oder mehr sich zeigt,
und sich vielleicht auch noch verzweigt.
Drum hat das Leben in meinem Gesicht,
mich inspiriert zu diesem Gedicht?

In fremden Sphären

Wenn Menschen wie die Bäume wären,
dann wären sie in andren Sphären.
So fällt im Herbst hier jedes Blatt,
weil's ausgedient, ganz einfach ab.
Im Frühjahr drauf wird umgesteuert,
es wird von Grund auf sich erneuert.
Frisches Grün treibt nun aus allen Knospen,
jed' Blatt bezieht dann seinen Posten,
um dann im Sommer wunderschön,
im Garten wieder dazustehen.
Wenn ich dagegen mich anschau',
o Graus,
dann weiß ich, bald schon ist es aus.
Nichts wird sich bei mir je erneuern,
die Falten schon am Kragen scheuern.
Alles was welk ist, wird welk bleiben,
da hilft's auch nichts, daran zu reiben.
Die Hoffnung bleibt, es könnt doch sein,
dass ich als Hund wieder erschein.
Doch allerdings, ich bitt' doch sehr,
leb ich mit den Meinen dann am Meer,
wo meistens hell die Sonne scheint,

da tob ich dann, nicht angeleint,
am Strand entlang, stürz mich ins Meer,
mein Herrchen stürzt sich hinterher.
Ja, ich glaub, so könnte das gehen.
Mal schau'n, ob wir uns wiedersehen?

Regen

Manchmal find ich Regen schön,
muss nicht in den Garten geh'n,
Ausschau nach dem Unkraut halten,
meiner Pflicht als Gärtner walten.
Sitz hier trocken an mein'm Mac,
mach' den großen Facebook-Check,
bei 'nem Tee in heißer Tasse.
Weisste was, das find ich klasse!

Die Jahre

Wie viele Sommer wirst' noch lachen
und so richtig Blödsinn machen?
Die Jahre rasen so geschwind.
Gestern warst du noch ein Kind,
und heute, wenn ich näher schau,
bist du schon 'ne ält're Frau.
Schwelgst oft in Erinnerungen,
singst gern zu alten Liedern.
Weißt genau, wie sie geklungen,
hast den Rhythmus in den Gliedern.
Schau nach vorne, sei bereit,
hab' Ziele, Pläne bis zum Ende.
Warte nicht, bis du hast Zeit,
denn Särge haben ringsum Wände.
Es gibt da unten nur noch Stille,
da hilft auch keine Nachtsichtbrille.
Lass deine Träume niemals sterben,
sonst erfreust du nur die Erben.

Der Türke

Unser Türke ist ein netter Mann.
Er schwärmt auch nicht für Erdogan.
Er lebt seit vielen Jahren hier,
hat seinen Laden im Revier.
Sein Obst ist lecker und sehr frisch,
es kommt bei uns gleich auf den Tisch.
Mit ihm kann ich mich unterhalten,
er will bei uns nichts umgestalten.
Sein Glaube ist mir völlig schnuppe,
wenn er auch zählt zur Moslemgruppe.
Solange er nicht missioniert,
sich hier bei uns voll integriert,
die Frauen mit Respekt behandelt
und nicht in Unmündige verwandelt,
das Grundgesetz voll respektiert
und nicht vom Staat nur abkassiert,
dann bleibt es ihm ganz unbenommen,
dass er zu uns ist hergekommen.

Gendern

Da wollen wir mal ein bisschen gendern
und quer durch die Begriffe schlendern.
Das ist nicht einfach, ich gesteh',
weil ich nicht wirklich Sinn drin seh'.
Ein Lehrer ist kein Lehrer mehr,
es heißt nun Lehrender im Sprachverkehr.
Auch ich bin nun keine Autorin mehr, nein,
eine bücherschreibende Person
soll ich nun sein.
Der Mörder ist immer der Gärtner
geht nicht mehr,
da muss die Gartenarbeitskraft jetzt her.
Selbst Filmstars werden ausgemustert
und zu Filmgrößen zurechtgeschustert.
Auch Wähler sind bald ausgestorben,
nun werden Wählende beworben.
Wer hat sich das nur ausgedacht?
Ob jener heimlich über uns lacht?
Ich glaub', die haben nichts im Kopf,
denn ich find's überflüssig wie ein Kropf.

Schnee

Es schneit in kleinen Flocken,
die Straße wird schon weiß,
sogleich Reporter schocken,
mit Bildern aus dem Eis.
Sie warnen vor schneeglatten Straßen:
Fahrt langsam, liebe Leut!
Es ist nicht damit zu spaßen,
wenn auch wird gestreut!
Es gab schon viele Tote,
die Feuerwehren sind vor Ort,
berichtet heut der Abendbote,
"Gefahr" steht bei fast jedem Wort.
Die Radiosender allerorten,
füllen damit ihr Programm.
Das TV dramatisiert mit Worten,
zeigt live 'nen gebroch'nen Damm.
So gibt es überall viel Trara,
dabei war doch alles schon mal da!
Ich weiß noch, dass meine Verwandten,
das Wetter immer Winter nannten.
Drum mach ich mir's zu Haus kommod,
denn ich riskier ja nicht mein' Tod!

Der Migrant

Du bist ein höflicher Migrant,
suchst Schutz in unsrem freien Land,
lernst Sprache, willst dich hier einfügen,
willst niemanden im Land betrügen,
lebst deinen Glauben ganz im Stillen,
hast zur Integration den festen Willen,
dann hast du bald auch Bleiberecht,
darfst arbeiten, das ist nicht schlecht.
Zahlst Steuern und die Krankenkasse,
Menschenskind, ist das nicht klasse!
Genießt Freiheit und ein bess'res Leben,
dann darfst du niemals rückwärts streben
und die verherrlichen, die unterdrücken,
sonst werden viele von dir abrücken,
denn Freiheit ist ein hohes Gut,
zur Freiheit brauchst du auch den Mut!

Hunger

Zwei braune Augen mich anflehen:
Kannst du denn endlich mal aufstehen!
Mein Magen knurrt, ich hab' Verlangen,
nach einem Steak, gut abgehangen.
Ich hab's gesehen in der Truhe
und geb nun so lang nicht mehr Ruhe,
bis du mir etwas davon gibst.
Du hast gesagt, dass du mich liebst.
Die Liebe muss man auch beweisen,
besonders mit ganz leck'ren Speisen,
denn in den Liebesregeln steht,
dass Liebe durch den Magen geht!

Musik

Wenn die Musik dein Herz berührt,
und du dich selig drin verlierst,
dann kann dir das den Tag versüßen,
schalt ab und tu's einfach genießen!

Herbst

Nun werden Blätter wieder bunt,
und raus will oft auch nicht der Hund!
Wenn's draußen regnet, kalt der Wind,
und man sich auf sich selbst besinnt.
Ein gutes Buch, ein guter Wein,
das soll'n heut' meine Begleiter sein.
So leg ich meine müden Glieder,
gemütlich auf dem Sofa nieder.
Ich hoffe, euch geht's auch so gut.
Lehnt euch zurück und habt den Mut,
lasst heut die Arbeit Arbeit sein,
Es geht auch mit 'nem roten Wein!

Mein Garten

Mit meinem Garten bin ich per Du,
in ihm find ich die nöt'ge Ruh,
wenn zu viel Stress den Tag bestimmt,
und mir die Fröhlichkeit wegnimmt.
Dann schau ich gern in die Rabatte,
oft mit dabei mein Ehegatte.
Zupf hier und da, schneid etwas ab,
bind Stauden an an einem Stab,
und wenn's zu trocken ist im Beet,
und wenn der Rasen frisch gemäht,
dann spritz ich mit dem Gartenschlauch,
vergess' dabei auch keinen Strauch.
Ich setz mich oft auf eine Bank,
hier ganz viel frische Luft ich tank.
Mein Garten ist für mich Erholung,
die Dependance vor meiner Wohnung.

Kochen

In meinem Garten wächst Pimpernelle,
die brauch ich oft ganz auf die Schnelle
für Grüne Soß', Salat, 'nen Dip.
Damit bin ich nun wirklich hip!
Das kommt gut an, man ist begeistert,
man staunt, fragt, wie ich das gemeistert.
Ja, Freude, alles nur aus der Natur,
von Zusatzstoffen keine Spur!
Nehmt öfters mal nur Frischprodukte,
und achtet auf das Kleingedruckte,
dann muss der Dümmste es durchschauen,
dass wir hier Lebensmittelfälschern trauen,
die mischen viel Chemie in unsre Dosen,
bei manchen führt das zu Psychosen.
Meine Geschmacksnerven lassen das nicht zu,
drum koch ich selbst und hab' meine Ruh!

Der Traum

Heut' Nacht war ich in einem fernen Land,
durch meine Füße rieselte der Sand,
die Sonne schien heiß in mein Gesicht,
das Meer glänzte hell im Sonnenlicht.
Meine Gedanken ließ ich einfach fließen,
und konnt' dabei das Dasein voll genießen.
Mein Essen wuchs gleich nebenan,
und öffnete ich meinen Mund,
floss Kokosmilch in meinen Schlund.
Kein Krieg, kein Hass, kein Missbehagen,
ganz weit weg all die vielen Fragen.
Da schubst mich plötzlich etwas an.
Ich schau und seh mein'n Ehemann.
»Steh auf, das Frühstück steht bereit,
es ist schon lange Aufstehzeit!«
Ich gähne, streck bedauernd meine Glieder,
hallo, du schöne Welt, du hast mich wieder!

Tabu

Ich bin ich und du bist du,
das ist gut so, hör mal zu,
denn es wär' nicht opportun,
es dir in vielem gleichzutun.
Meine Gedanken, meine Worte,
entspringen nämlich einem Orte,
den mein Gehirn autark ausfüllt
und nur mir persönlich dann enthüllt.
Daher kannst' mich nicht bekehren,
meine Sicht der Dinge würd' sich wehren.
So rate ich, lass die Lektionen,
weil sie sich bei mir nicht lohnen,
denn ich bin ich, und du bist du,
Belehrungen sind bei mir tabu.

Putzen

Ach, wär es schön, ich müsst nicht putzen,
der Staub würd' von allein wegflutschen.
Für Bad, für Dusche und fürs Klo
gäb's einen Knopf für Schmutz to go.
Die Fenster und die Bodenfliesen,
wär'n blitzblank nach nur kurzem Niesen,
die Wäsche automatisch sich sortiert,
gebügelt in den Schrank bugsiert.
Dann hätte ich Zeit für viele Sachen,
die mir nun wirklich Freude machen.
Kann's sein, dass es einfach zu viel staubt
und mich damit der Zeit beraubt?
Vielleicht sollte ich mehr drüberstehen
und Dreck ganz einfach übersehen.

Seele

Ich bin der Wärter meiner Seele,
und wenn ich mich so manchmal quäle,
verzweifelt bin und ohne Mut,
dann tut mir deine Liebe gut.
Es ist so schön, dass es dich gibt,
noch immer bin ich sehr verliebt.
Ist es nicht toll, dass all' die Zeit,
mein Herz nur war für dich bereit,
zu schlagen und sich zu erfreuen,
ich musst' nicht einen Tag bereuen.
Du warst für mich genau der Mann,
mit dem ich lachen und weinen kann.
Deshalb werd' ich auch die letzten Jahre,
bei dir bleiben bis zur Bahre.

Junge Frau

Man lebt ganz still so vor sich hin,
verhutzelt immer mehr,
wo ist die junge Frau bloß hin,
ihr Platz ist plötzlich leer.
Dafür schaut mich nun eine an,
die kenne ich fast nicht.
Bin ich denn das? Ich geh nah ran,
und schau mir ins Gesicht.
Nur tief im Herzen spür ich noch,
die junge Frau von einst.
Der Spiegel aber sagt jedoch,
nichts bleibt, auch wenn du weinst.

Krank

Meine Glieder tun mir weh,
bis hinab zum kleinen Zeh.
Deshalb werde ich geschwind
es machen wie als kleines Kind.
Geh ins Bett und lass mich pflegen,
soll mein Mann sich doch mal regen,
mich bedienen und versorgen,
Ist vielleicht ja nur bis morgen.
Hol den Schlaf nach von heut Nacht,
schaun dann, was der Husten macht.
Vielleicht bin ich schnell wieder fit,
und helfe eifrig wieder mit.

Viel Geld

Da sitzen sie in feinem Zwirn,
grübeln, zermartern sich das Hirn.
Wie können wir die Massen linken,
damit uns viel Erlöse winken?
Sie tricksen hier und tricksen da,
wenn's eng wird, machen sie sich rar.
Sie tauchen unter mit viel Geld,
gebunkert in der ganzen Welt.
Die Spareinlagen ohne Zinsen,
wen juckt das schon, das sagt ihr Grinsen,
denn wenn die Moral ist abgeschmiert,
dann lebt sich's völlig ungeniert.

Erfolg

Ist es nicht so, dass der, der protzt,
und vor Eigenlob nur so strotzt,
letztendlich findet mehr Beachtung,
wenn auch bei näherer Betrachtung,
er auch nicht besser ist als du.
Gibt er dann endlich etwas Ruh,
solltest du die Pause nutzen,
um dich selbst herauszuputzen.
Sei dann lässig und bescheiden,
denn das können Menschen leiden.
Mach dir vorher einen Plan,
den verfolg nun mit Elan.
Nur mit Charme und Freundlichkeit,
sind die Menschen gern bereit,
dich zu beachten, zuzuhören
und ich möchte wirklich schwören,
der Erfolg kommt in kleinen Schritten,
verpenn nicht, ihn hereinzubitten!

Probleme

Probleme hier, Probleme da,
man nimmt das Dasein kaum noch wahr.
Soll mich das blaue Kleid bedecken?
Oder soll ich lieber noch mal checken,
ob nicht besser 'ne lange Hose,
verdeckt die genossene Pralinendose,
die ich erst letzte Woche hab verputzt,
und deshalb alles nix mehr nutzt!
Man sieht, dass mir es hat geschmeckt,
kein Kilo sich bei mir versteckt.
Grübelnd such ich nach einem Weg,
check mich ab wie für den Laufsteg.
Ach was, zu spät, die Pfunde lassen sich
nicht liquidieren,
ich muss mir halt ein Brot weniger schmieren!

Geburtstag

Heute mach ich mal wirklich nix,
lass mich bedienen, und zwar fix,
ich denke nach und stelle fest,
dass Zeit sich nicht aufhalten lässt.
Da kannste salben, schminken, rupfen,
die Augenbrauen ständig zupfen,
dein Pass dir schonungslos anzeigt,
dein Leben sich dem Rest zuneigt.
Es fehlt nicht viel, dann bist du alt,
und irgendwann wirst sogar kalt.
Da hilft's auch nichts, zu dementieren,
unweigerlich wirst du plissieren.
Drum steh dazu und freu dich drauf
und lass dem Leben seinen Lauf.

Vergänglichkeit

Gestern war er noch ein Star,
heute ist er nicht mehr da!
So wird es allen einmal geh'n,
Ruhm kann ja so schnell verweh'n!
Ob Löffel aus Gold oder aus Blech,
jeden trifft's einmal, das ist das Pech.
Da kannste schuften, raffen, prahlen,
am Schluss gibt's nur noch kleine Schalen,
die dann mit vielen schönen Worten,
verbuddelt werden allerorten.
Drum ist's egal, wie voll die goldnen Flaschen,
glaub mir, auch du gehst
nur mit leeren Taschen.

Lärm

Wenn laut des Nachbarn Bohrer rattert,
seitlich noch ein Mäher knattert,
dann noch die Müllabfuhr macht Krach,
na klar, dann bin ich sofort wach!
Ich steh halt auf, was soll ich machen,
vielleicht lass ich's nun auch mal krachen.
Noch immer hämmert's laut im Ohr,
was hat denn nur der Nachbar vor?
Kaum sitz ich an dem Frühstückstisch,
ich mir den Mund grad sauber wisch,
ist's total still, nichts brummt und summt,
die Handwerker sind abrupt verstummt.
Sie packen ein und fahren weg,
zurück lassen sie nur ihren Dreck.
Na warte, denk ich, ich will Rache!
Da fällt mir ein, war da nicht diese Sache
mit der Entrümplung ganz
früh am Morgen?
Als wir so viel Hausrat mussten entsorgen.
Der Krach war wirklich penetrant!
Ach, ich steh mal drüber, bin ja tolerant!

Liebe

Fast jeden trifft einmal die Liebe.
Schön wär's, wenn sie dann ewig bliebe.
Ratgeber gibt's dafür recht viele,
sie alle haben eins zum Ziele,
ein Leben lang sich akzeptieren,
Marotten schlichtweg tolerieren.
Na klar, es gibt auch Frust und Streit.
Hauptsache, man ist bereit,
die Liebe täglich zu entdecken,
und die Begehrlichkeit neu zu erwecken
Dafür braucht's etwas Willenskraft,
damit man's lebenslang auch schafft.

Im Winter …

Im Winter, der ein Frühling war,
gab's Weihnachten, wie jedes Jahr.
Das machte einigen nichts aus.
Sie streckten ihre Köpfchen raus
und blühten fröhlich Tag für Tag.
Und ich, der ich den Frühling mag,
war froh, dass nun am End vom Jahr,
immer noch kein Winter war.
Es ließ den Frühling mich erhoffen,
doch das Ende war noch offen!

O du fröhliche …

Nun kommt sie bald, die Weihnachtszeit –
man dekoriert, kauft ein und
plant sein Mahl.
Bei manchem macht sich Panik breit,
was schenk ich nur dem Onkel Karl?
Der Enkel schreit: »Schenk mir bloß nix,
ich will nur ganz viel Bares!«
Man grübelt, schaut, was noch so da ist,
zur Sicherheit – vielleicht was Rares?
Denn oft hat man noch ganz viel Mist,
gelagert in den Ecken,
wo sich Geschenke, die man selbst erhielt,
oft jahrelang verstecken.
Man geht und sucht nun die Girlanden.
Wo sind sie nur, die hingen doch im letzten
Jahr noch am Geländer.
Hier haben sie doch mal gestanden?
Ach, schau an, da sind ja auch die Bänder!
Noch Kerzen hier und Kränzchen da,
die Plätzchen sind schon in der Röhre.
Jetzt erst mal Pause, ab ins Sofa.
Ich mach nicht viel Gedöns, ich schwöre!

Die Hausfrau

Die Hausfrau hat den Tisch gedeckt,
der Ehemann den Wein gecheckt.
Nun kann es losgehen mit dem Mahl.
Die Oma, Tante, Onkel Karl,
sie alle werden nun platziert.
Die Grete sich gleich echauffiert,
wollt' sie doch neben Opa sitzen,
der sie erfreut mit seinen Witzen.
Na gut, man fügt sich allgemein,
das Fest der Liebe soll's ja sein.
Nur keinen Ärger heute bitte;
unterm Tisch gab's gleich paar Tritte,
erst mal vorab 'ne Gaumenfreude,
von fern hört man schon Kirchgeläute.
Die Hausfrau, die läuft hin und her,
trägt Schüsseln, Soßen, Braten schwer.
Dann geht es los, man ist begeistert,
wie es die Hausfrau wieder meistert.
Das Essen war, wie jedes Jahr,
einfach grandios und wunderbar.

Wenn alle stöhnen »viel zu viel«,
ist es erreicht, der Hausfrau Ziel.
Sie ist erleichtert und befreit,
nun hat sie wieder ein Jahr Zeit.

Träume

Du willst, dass Träume werden wahr,
Dann sag ich dir, es ist doch klar,
dass nichts kommt einfach angeflogen,
sonst wärst ja um den Weg betrogen.
Du musst sie klar vor Augen seh'n,
dann zielsicher entgegengeh'n,
hab stets den Wunsch fest im Visier,
nimm keinen Abzweig, glaube mir!
Dann wirst' bestimmt ganz ungewohnt,
mit der Verwirklichung belohnt.

Schenken

Hier sitz ich nun und bin am Denken,
was soll ich meinen Lieben schenken?
Es ist nicht leicht, sie haben alles,
so werd' ich wohl im Fall des Falles,
wie immer groß zu Tische bitten.
Bedien sie mit ganz vielen Schritten;
servier ein exzellentes Mahl,
das schmeckt dann selbst dem ollen Karl.
Den Wein besorg ich um die Eck,
und zahl ihn mit 'nem dicken Scheck.
Als Zugabe gibt's mein neues Buch.
Ich schlag es in ein schönes Tuch.
Und wenn dann alle rundum satt,
vom Essen und vom Wein sind matt,
erzähl'n sie meist aus alten Zeiten,
dann denk ich immer: "Bloß nicht streiten."
Wenn alle glücklich ziehen von dannen,
muss ich mich gründlich nun entspannen.
Trink mit dem Helmut noch ein Glas.
Mensch Meier, Weihnachten, das war's!

Advent

Da zünden wir mal ein Kerzchen an
und schau'n uns dabei ganz lieb an.
Ach, was sind wir wieder konziliant,
ist's in der Welt auch hochbrisant,
woll'n wir heute mal nicht fluchen,
Friede, Freude, Eierkuchen!

Silvester

Gleich zeigt der Zeiger Mitternacht,
akribisch hab ich ihn bewacht.
Die Glocken läuten plötzlich laut,
ein jeder aus dem Fenster schaut.
Am Himmel oben sind Raketen,
in bunten Farben wie Kometen.
Das alte Jahr macht sich davon,
das neue Jahr, das wartet schon.
Die Korken knall'n in jedem Haus,
schon bald danach ist alles aus.
Wir legen uns zum Schlafen nieder,
und seh'n uns dann an Neujahr wieder.

Neustart

Wieder ist ein Jahr vorbei.
Neustart, meinen viele.
Manchen ist es einerlei,
sie haben keine Ziele,
machen einfach weiter so,
müssen funktionieren.
Sind im Grunde einfach froh,
wenn sie nicht krepieren.
Nehmen Spenden, sammeln Flaschen,
frieren in zu kalten Räumen.
Haben meistens leere Taschen,
können nur von Wohlstand träumen.

Bauten unser Land mit auf,
fielen durch das Raster.
Nahmen Leid schon mal in Kauf,
Schnaps wurd' oft zum Laster.
Hungrig stehen sie am Rand,
fühlen sich dort ausgesiebt,
leben meist vom Flaschenpfand,
sind bei manchen unbeliebt.
Sollte nicht die Politik
einfach mehr sich sorgen?
Machen lieber ihre Diäten dick,
und verschieben es auf morgen.

Vorsätze

Hier sitz ich nun, ich armer Wicht,
und frag mich, soll ich oder soll ich nicht,
fürs neue Jahr mir viel versprechen;
und dies dann immer wieder brechen,
oder mach ich's mal ganz schlicht
und versprech' mir's einfach nicht?

Ein Jahr ist vorbei …

Schon wieder ist ein Jahr vorbei
und wieder folgt die Litanei,
was alles anders, schöner, fein,
im nächsten Jahr soll besser sein.
Um dann am End vom Jahr zu sehen,
dass nichts davon ist wohl geschehen.
Drum will ich diesmal gar nichts ändern,
werd' weiter durch das Leben schlendern.
Seh' meine Pfunde gnädig an,
denn teuer war ja jedes Gramm,
und der, dem ich einst sagte »Ja!«,
ist trotzdem weiter für mich da.
Was will ich mehr in meinem Leben,
drum lasst uns gern das Glas erheben.
Salute! Ich wünsch euch wenig Sorgen.
Auf ein »Gutes« dann ab morgen!

Das ist ein weiterer Gedichtband, der im Handel erhältlich ist.

Der Alltag gibt der Autorin tagtäglich genug Material für Verse an die Hand, die sie gerne mit einem Augenzwinkern niederschreibt.
Lesen Sie ihren poetischen Reigen. Mal lustig, mal sinnlich, mal melancholisch, aber stets ein Genuss für die Seele ...

Erhältlich als E-Book und Taschenbuch

Zwei Auszüge aus dem Gedichtband

»Es flogen Worte durch den Raum«

Höflichkeit

Ich bin ein höflicher Mensch.
Ich klopfe beim Ei an, bevor ich es öffne.
Den Schuh frage ich: „Darf ich eintreten?"
Und wenn ich eine Rosenblüte sehe,
lobe ich genüsslich ihren Duft.
Und niemals wurde es mir übel genommen.
Schon Schopenhauer sagte:
»Höflichkeit ist Klugheit«,
folglich ist Unhöflichkeit Dummheit.

Frieden

Neid, Hass und Missgunst überall
und manche machen gern Krawall.
Auch gibt es Menschen auf der Welt,
denen geht es nur ums Geld.
Sie sind von ihrer Macht besessen,
und woll'n die ganze Welt erpressen.
Dabei sie ständig manipulieren,
betrügen, lügen, denunzieren.
Das Ganze wird politisch unterstützt,
wenn es dem eignen Vorteil nützt.
Tödliche Waffen werden hergestellt,
und dann verteilt in alle Welt.
Von manchen wird uns suggeriert,
dass man nur helfend einmarschiert.
Sagt, wie sollen wir uns wehren?
Sollen wir den Heiligen Gral beschwören?
Lasst uns die Welt entgiften,
tragt eure Liebe in die Welt,
nur so lässt sich Frieden stiften,
er ist viel kostbarer als Geld!

Vielleicht interessieren Sie sich auch für die bisher erschienenen Romane, die alle im Online-Buchhandel als E-Book oder Taschenbuch erhältlich sind.

Viel Vergnügen beim Lesen!

Ich freue mich über jede positive Rezension.

Doppelband!

Vielleicht schauen Sie auch mal auf meiner Homepage vorbei:

www.karin-redecker.de